안녕, 고리!

가와세 하루 (川瀬はる)

일본 나가노 현에서 태어났다. 2021년 「私をとり戻すまでのふしぎな3日間」으로 데뷔했다. 자신의 감정에 솔직하지 못한 채 살아온 주인공은 어느 날 5년간 동거하던 상대로부터 갑작스러운 이별 통보를 받는데, 이를 계기로 자신의 감정과 마주하며 성장해 가는 모습을 그린 데뷔작은 많은 독자들의 공감과 화제를 불러 모았다. 2023~2024년 분슌온라인에서 「안녕, 꼬리!」를 연재했다.

OHAYO, SHIPPO by KAWASE Haru

Copyright © 2024 KAWASE Haru
All rights reserved.
Original Japanese edition published by Bungeishunju Ltd., in 2024.
Korean translation rights in Korea reserved by ONE BOMNAL, under the license granted by KAWASE Haru, arranged with Bungeishunju Ltd., Japan through AMO AGENCY, Korea.
이 책의 한국어판 저작권은 AMO에이전시를 통해 저작권자와 독점 계약한 어느 봄날에 있습니다. 저작권법에 의해 한국 내에서 보호를 받는 저작물이므로 무단 전재와 무단 복제를 금합니다.

안녕, 꼬리!

글/그림 **가와세 하루** 옮김 **백수정**

어느봄날

제1화	무기는 출근 중	6
제2화	꼬리, 자를까?	15
제3화	무기와 렌게	24
제4화	밤하늘에 훠이훠이	34
제5화	평범이란	43
제6화	바람이 되고 싶어	53
제7화	밤하늘에 훠이훠이2	62
제8화	"평범"한 행복	71
제9화	무슨 일이야	79
제10화	차 한잔 어때	88
제11화	터져 버린 눈물	96
제12화	몽글몽글	104
제13화	둘만의 아침햇살	112
제14화	전하지 못한 이야기	120
제15화	어떤 하루	129
제16화	"평범"한 행복2	140
제17화	안녕, 좋은 아침!	149

※아래와 같은 순서로 읽어 주세요~

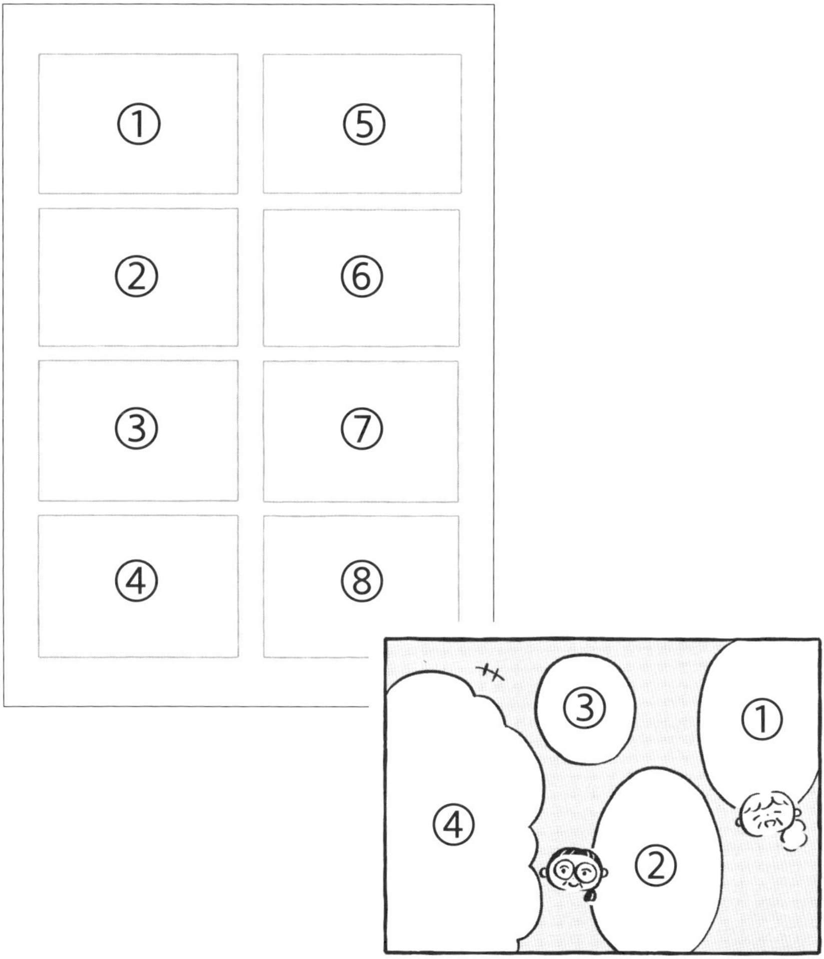

제 1 화
무기는 출근 중

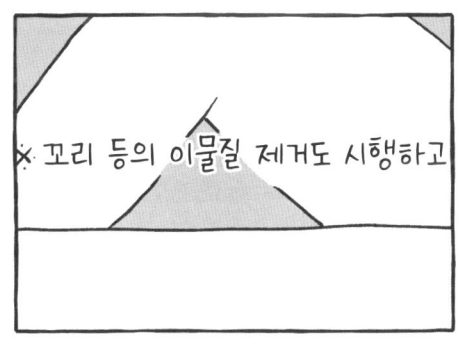

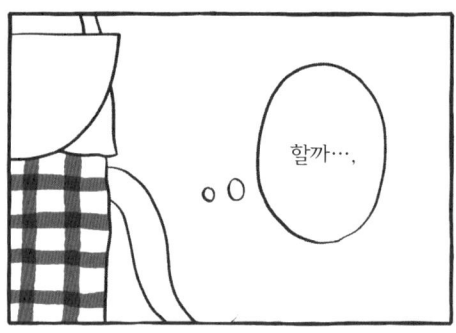

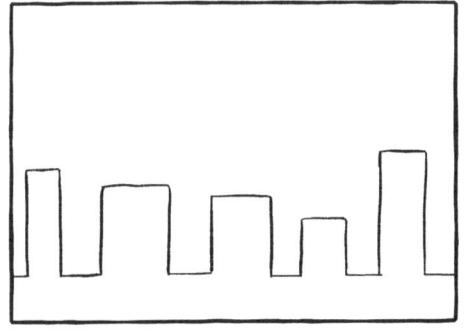

제 2 화 꼬리, 자를까?

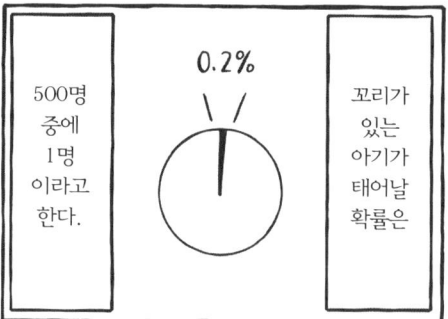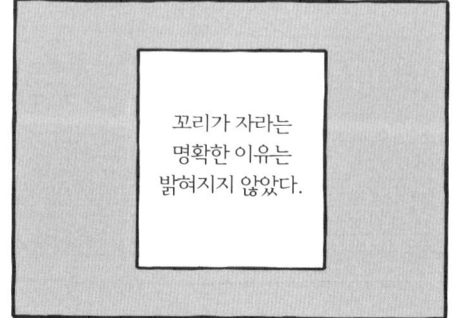

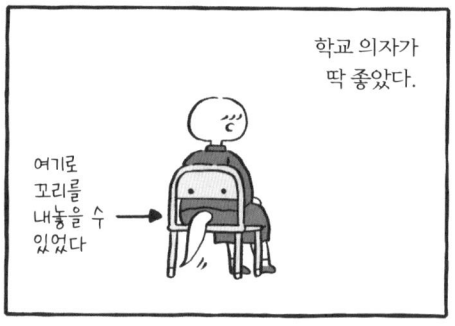

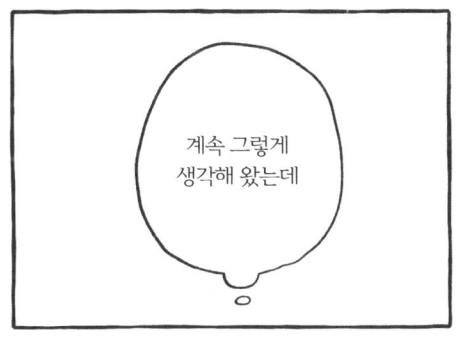

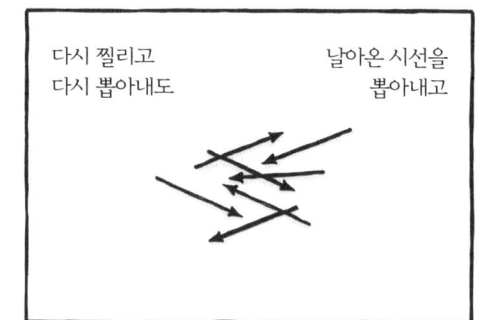

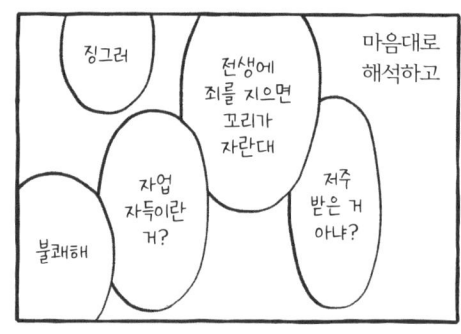

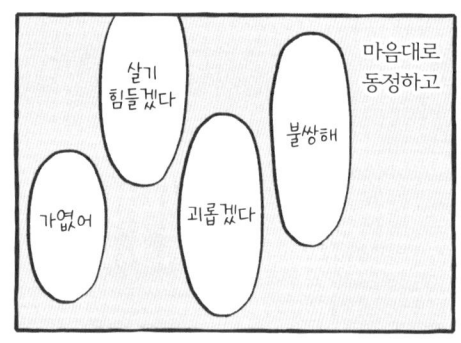
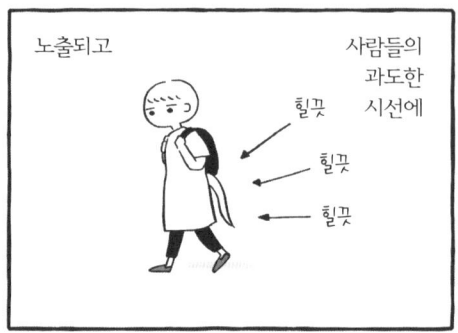

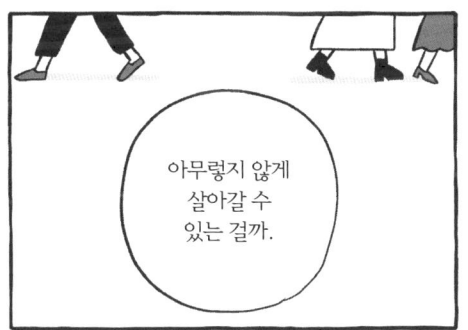
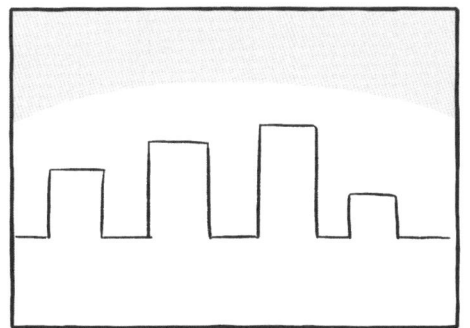

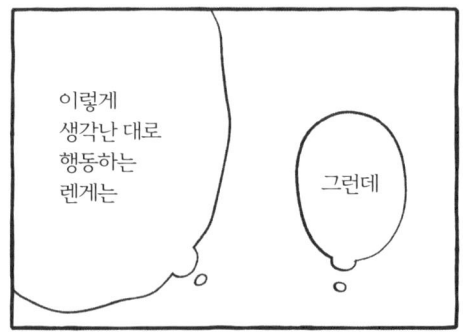

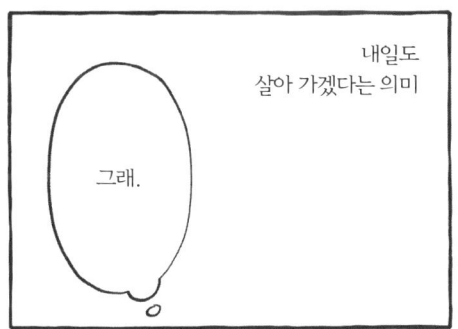

제 3 화
무기와 렌게

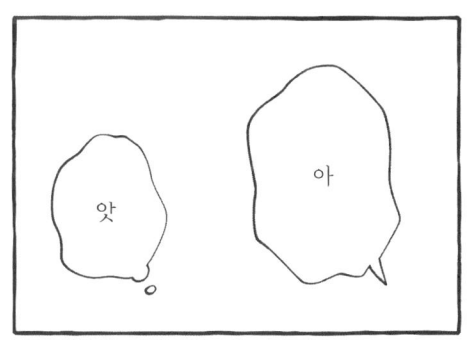

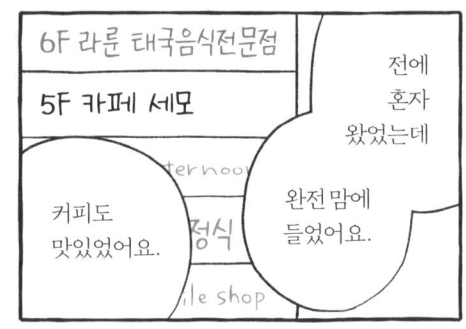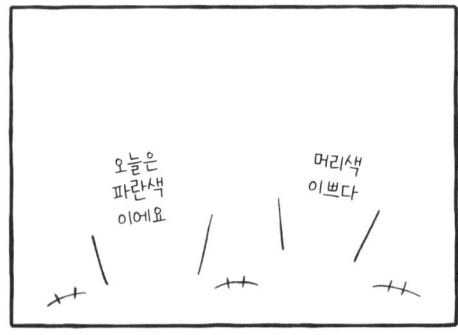

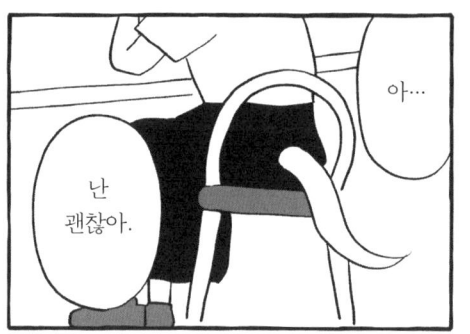

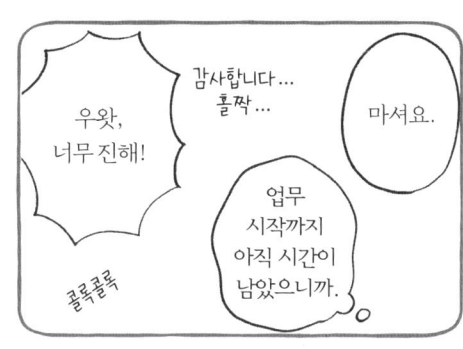

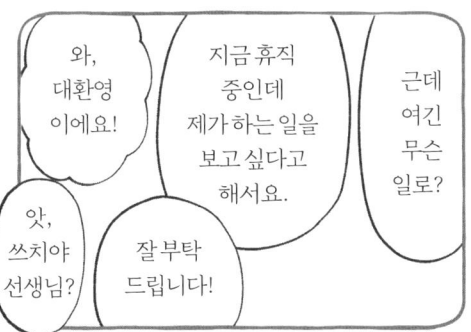

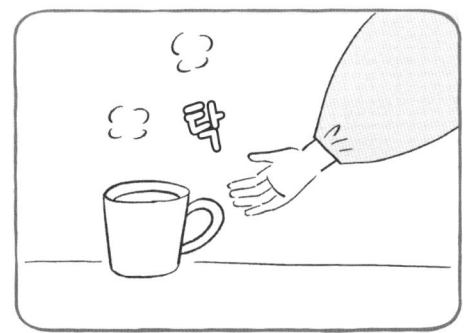

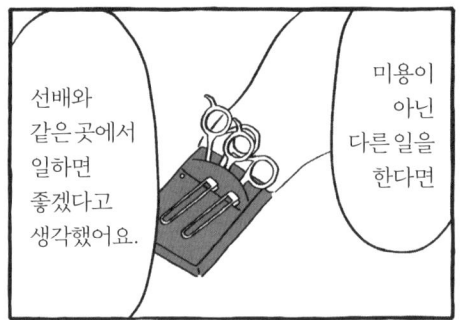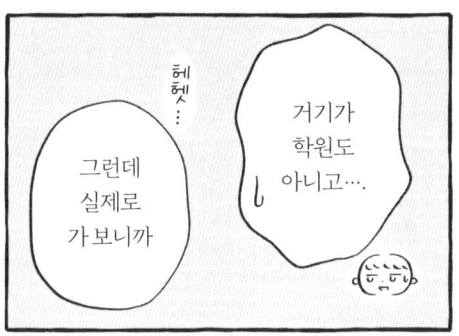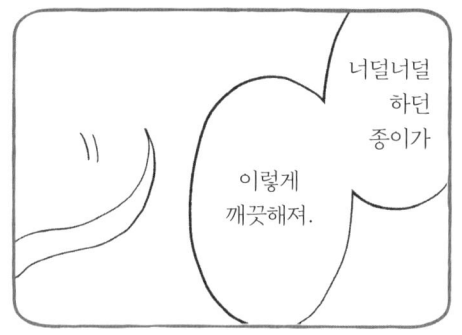

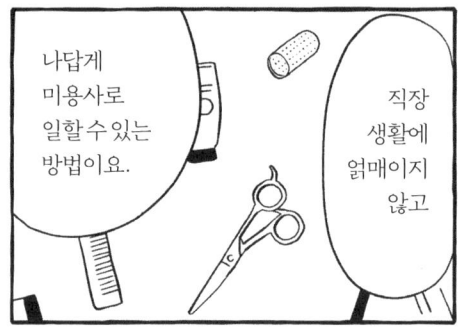

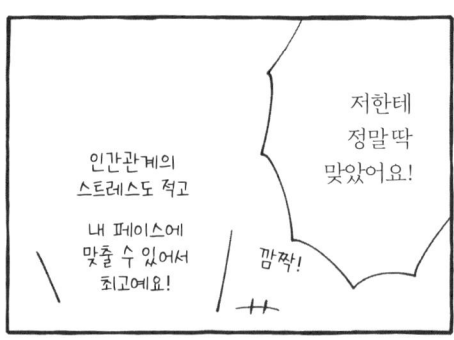
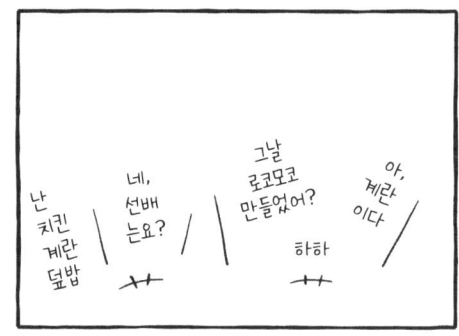

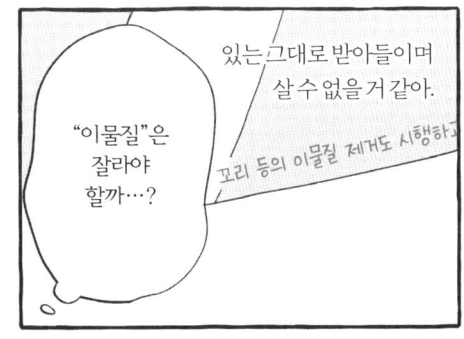

제 4 화
밤하늘에 휘이휘이

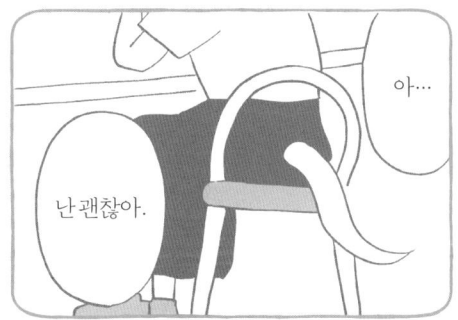

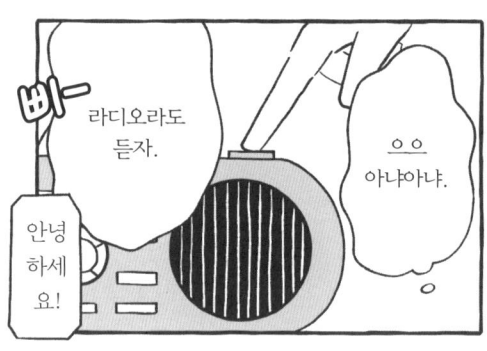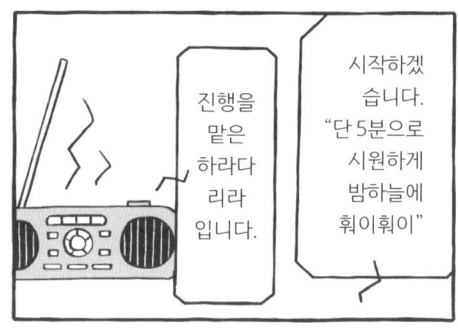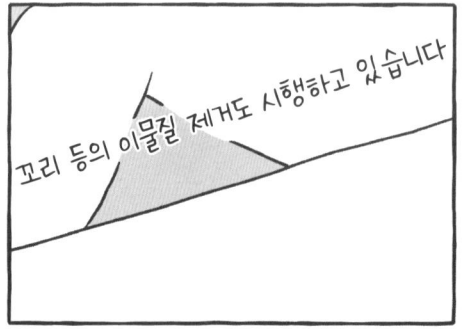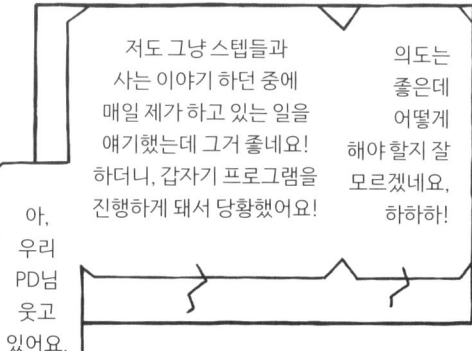

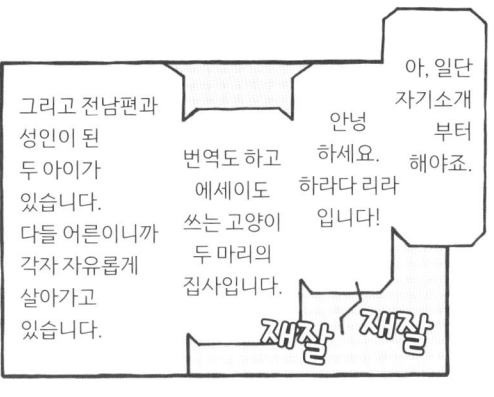

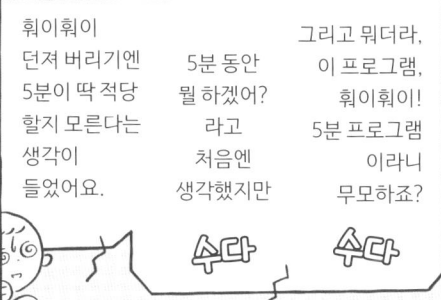

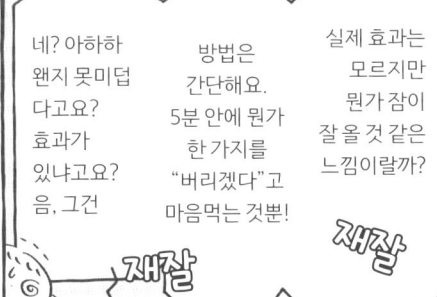

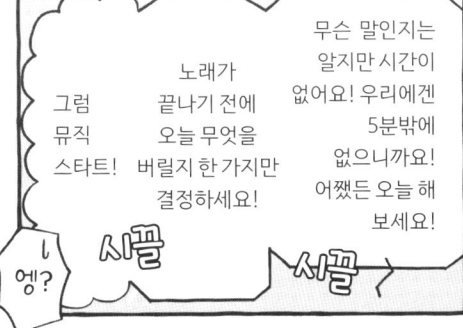
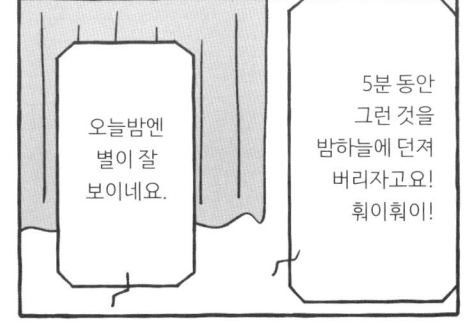

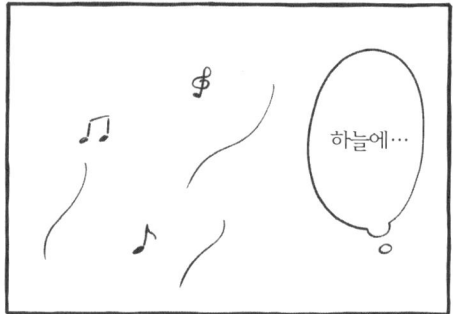

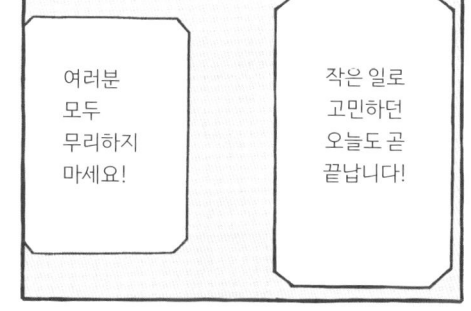

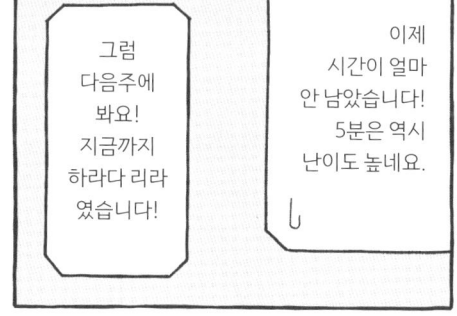
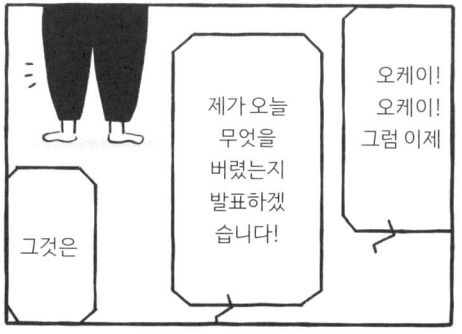

제 5 화 평범이란

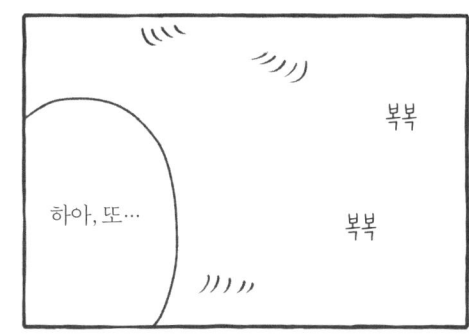

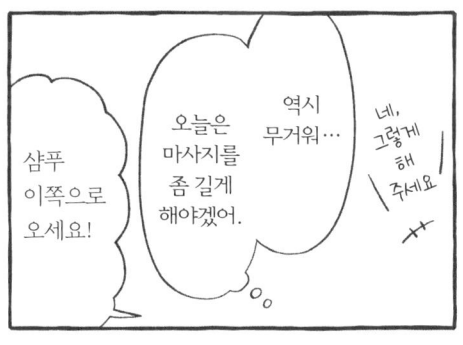

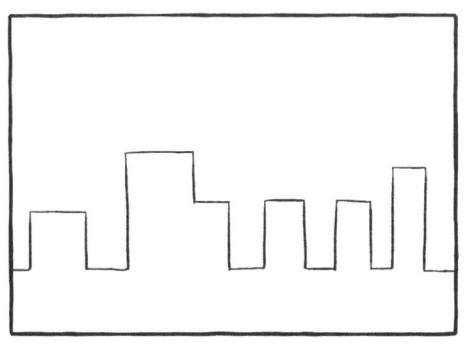
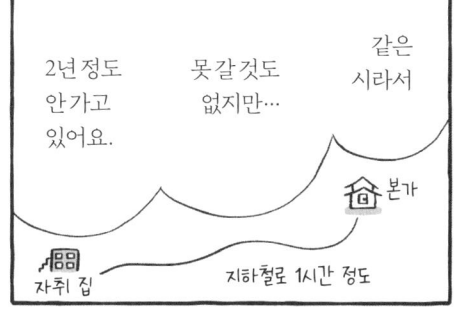

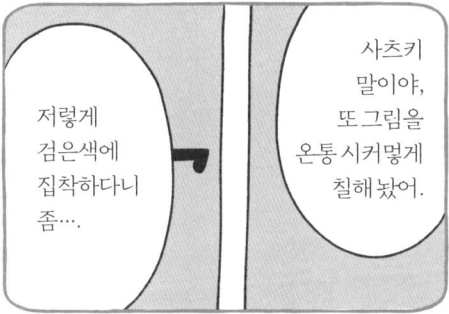

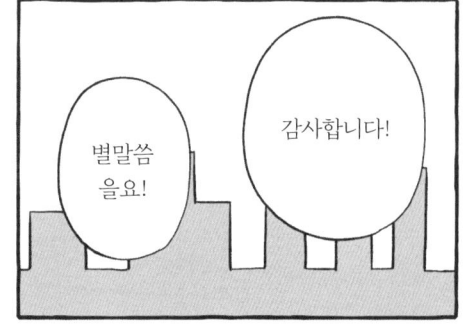

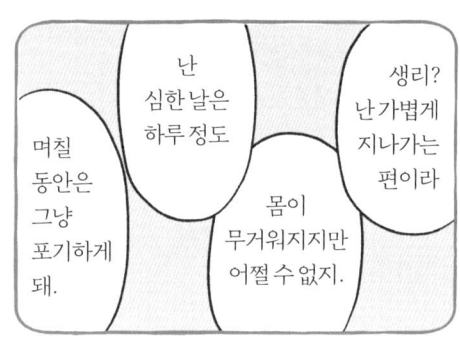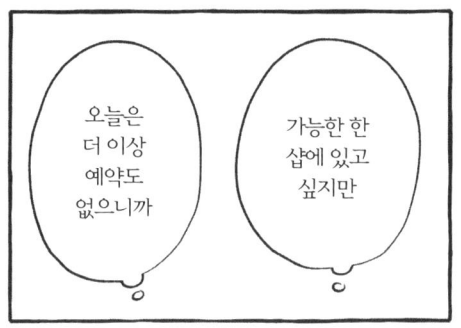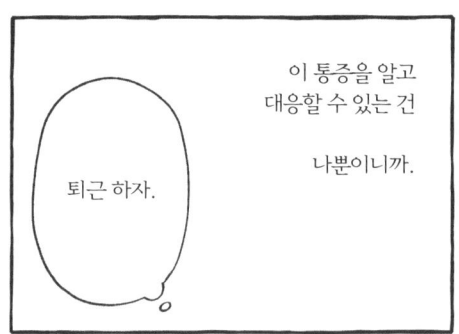

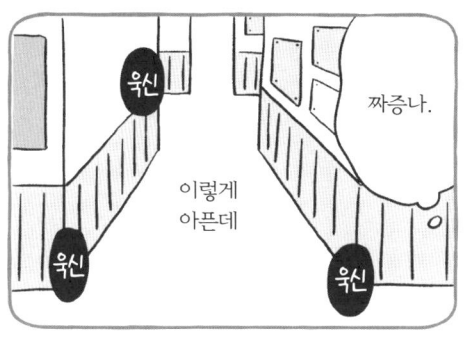

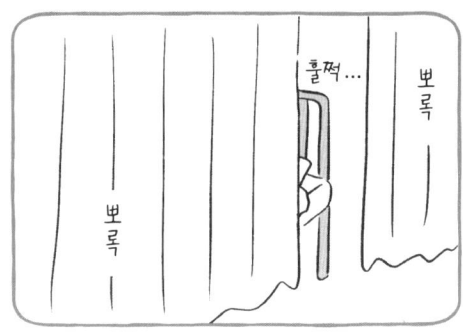

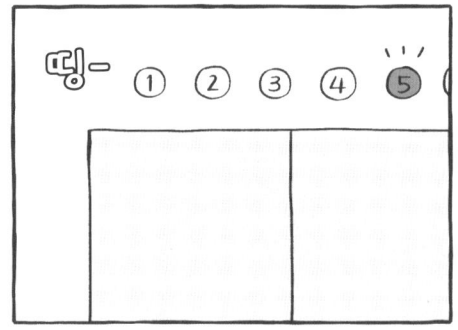

제 6 화
바람이 되고 싶어

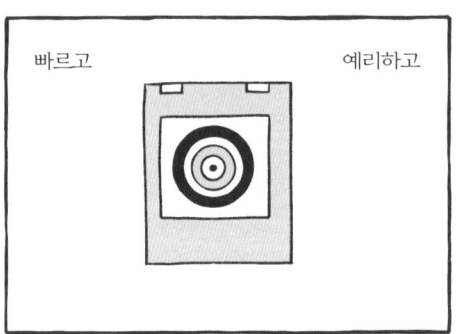

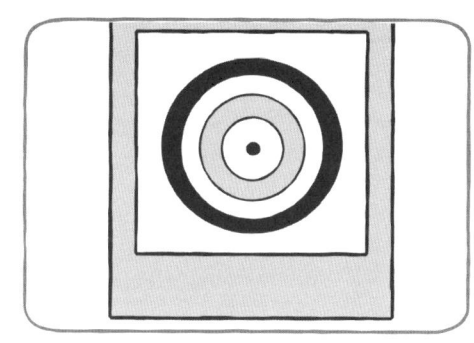

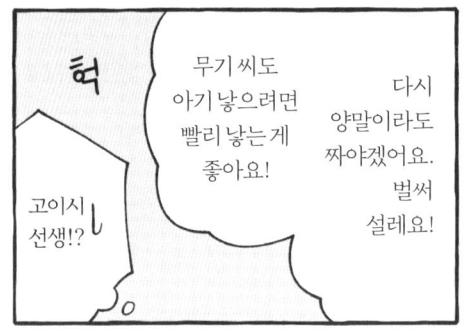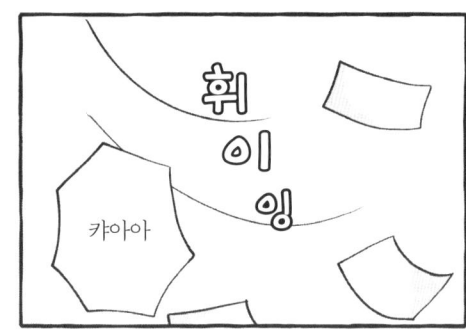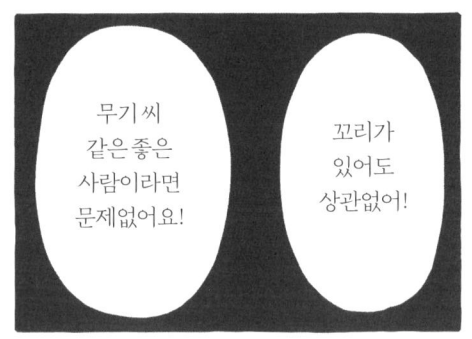

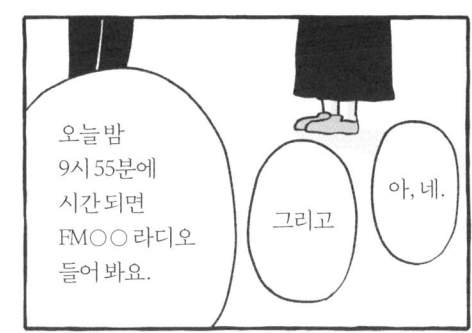

제 7 화
밤하늘에 휘이휘이 2

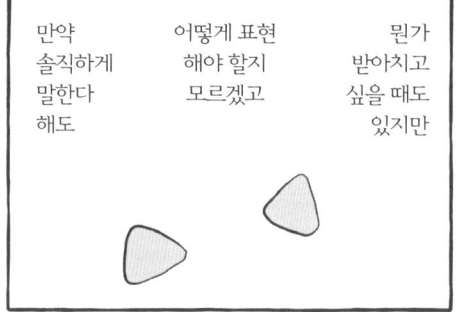

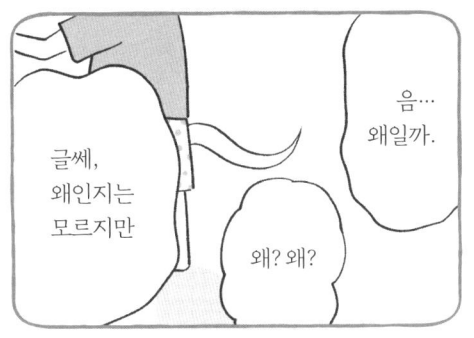

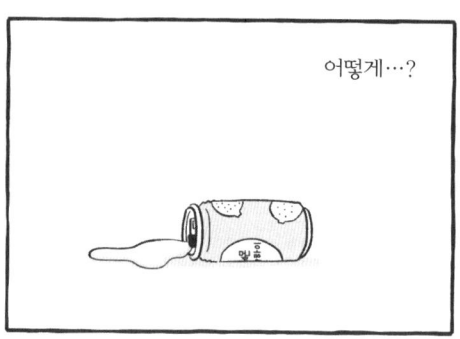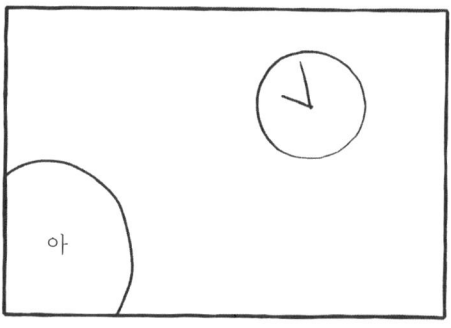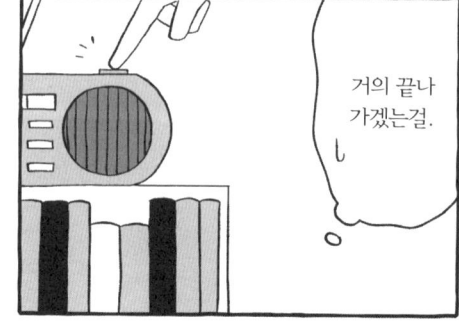

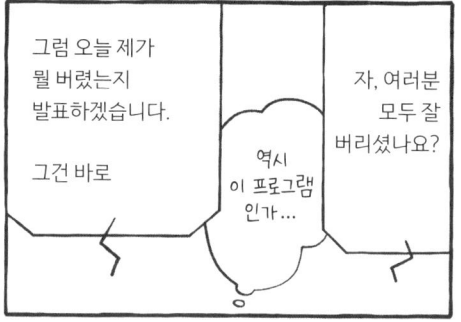
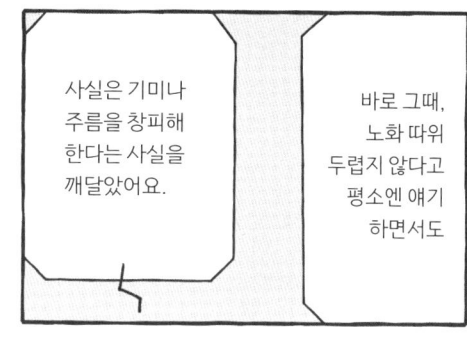

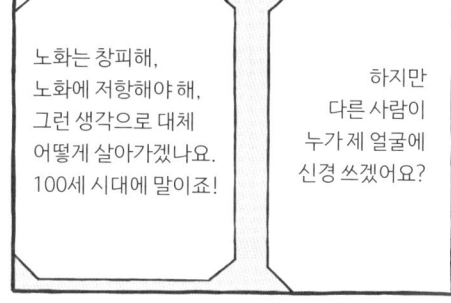
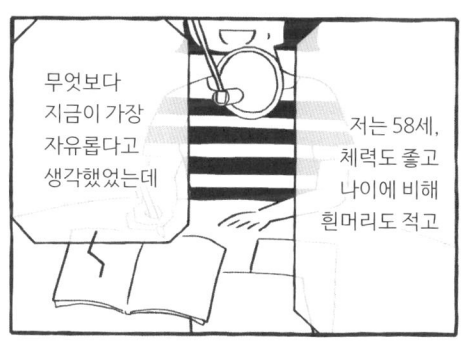

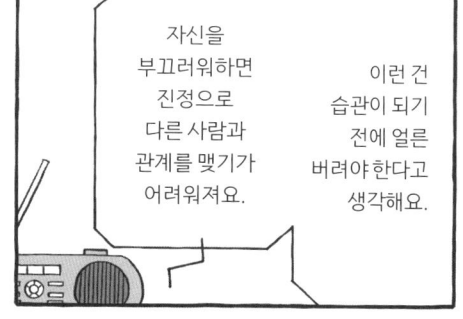

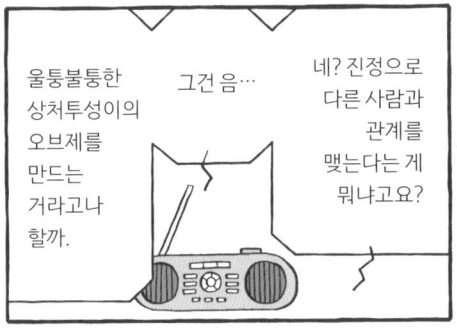

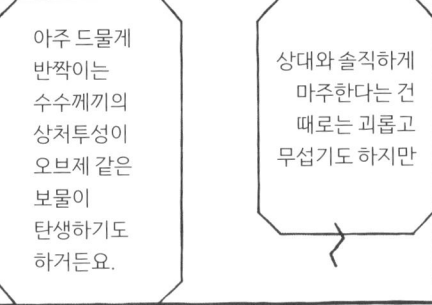

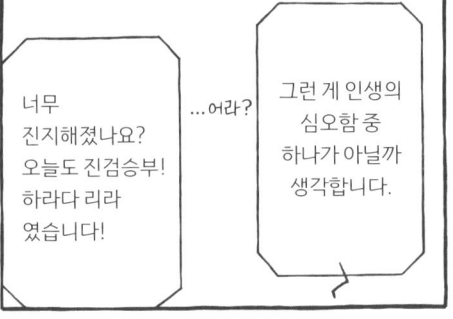

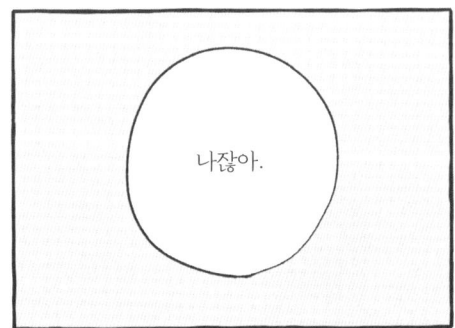

제 8 화 "평범"한 행복

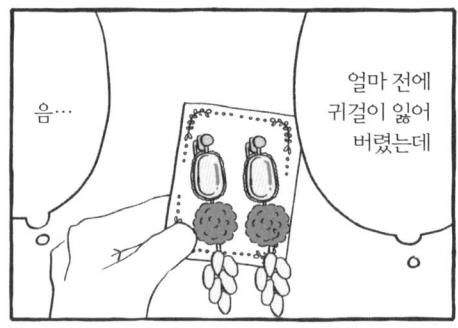

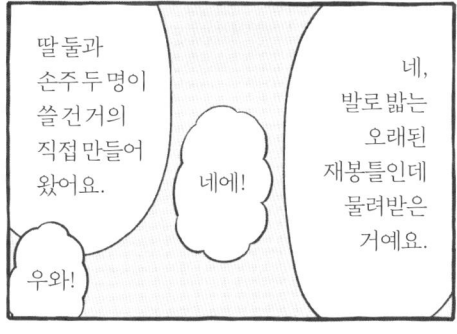

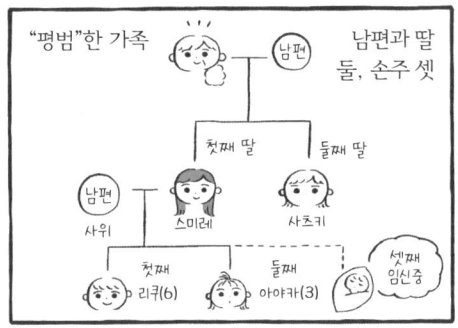

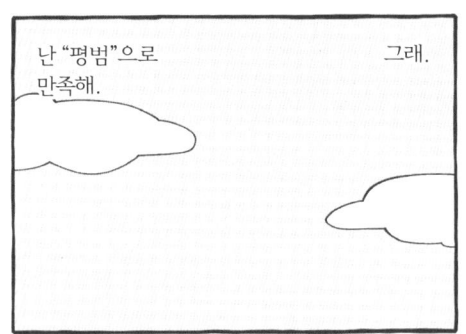

제 9 화
무슨 일이야

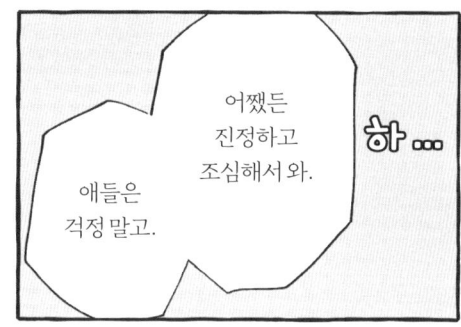
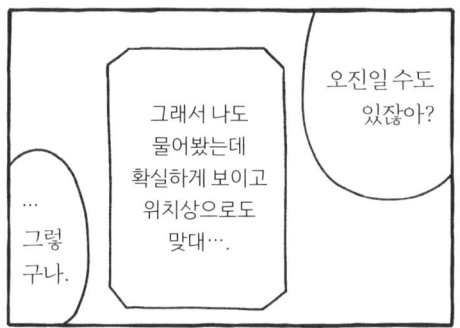

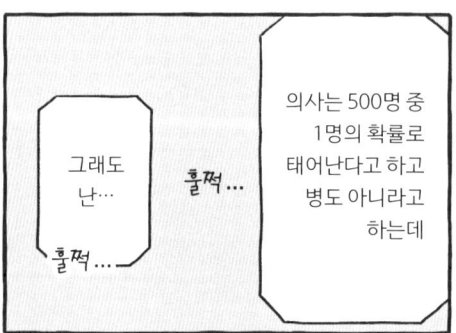

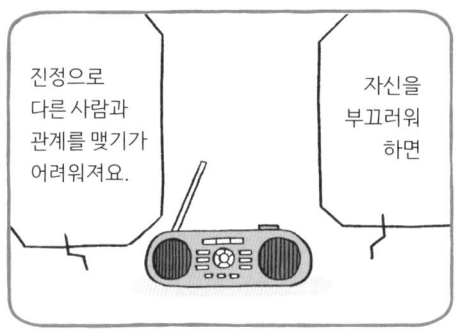

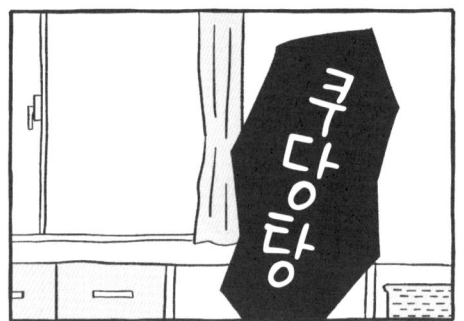

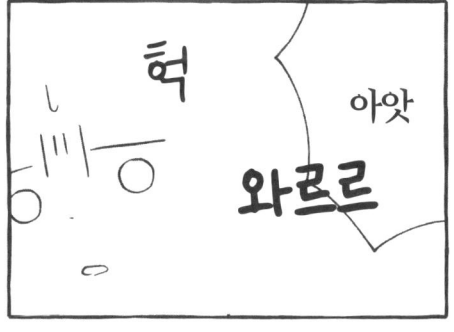

제10화 차 한 잔 어때

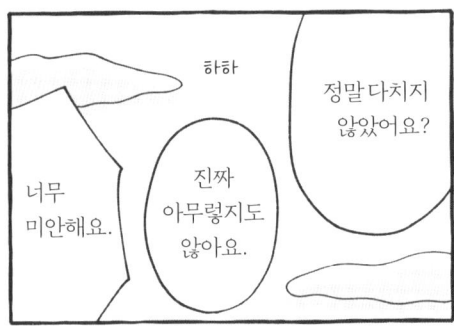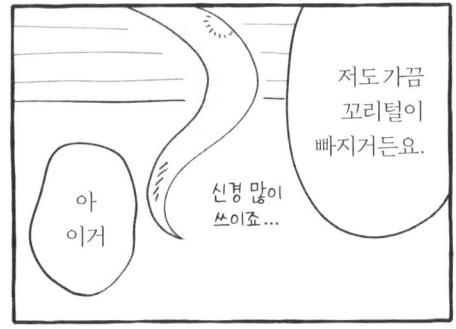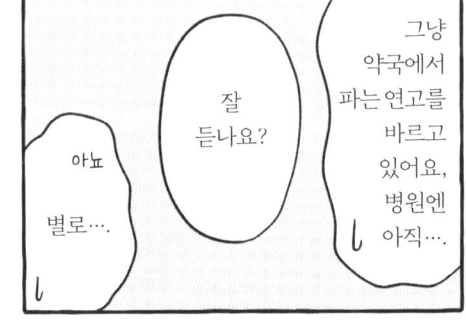

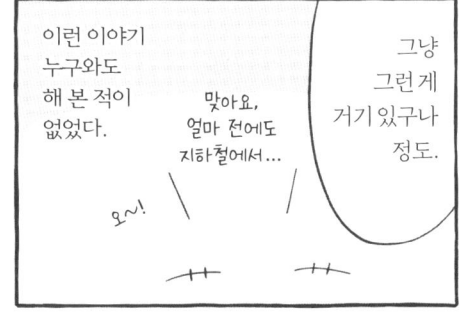

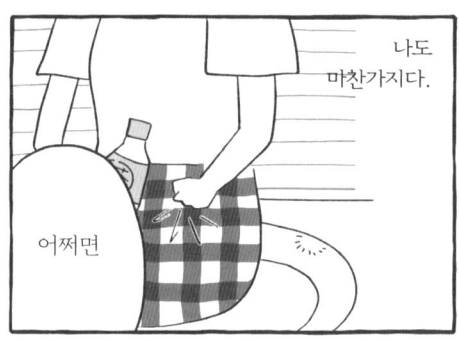

제11화 터져버린 눈물

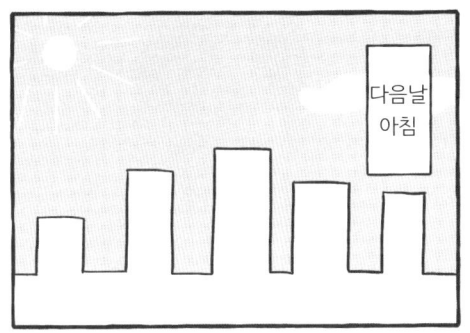

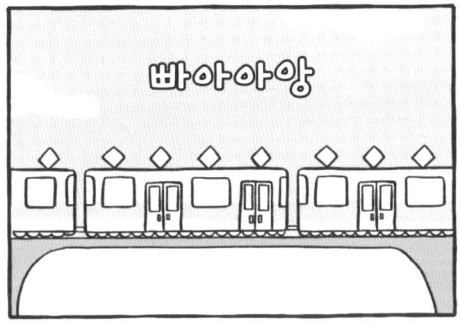

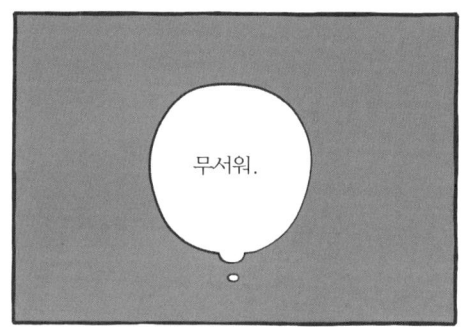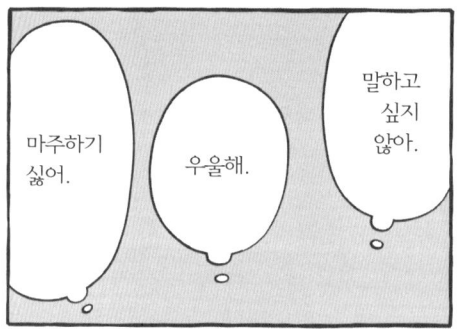

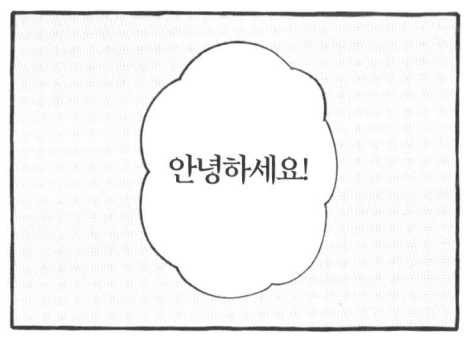

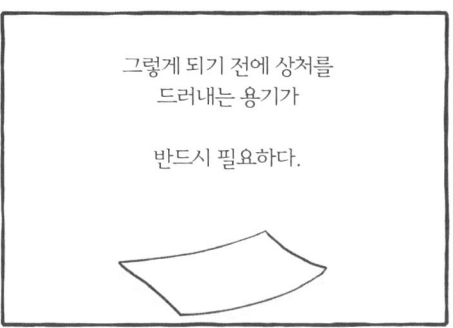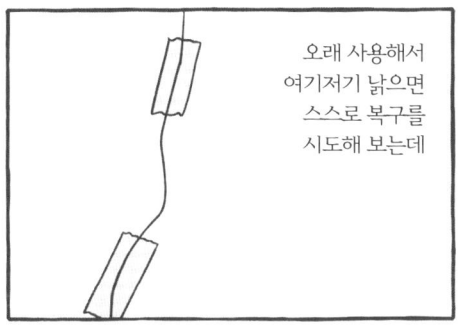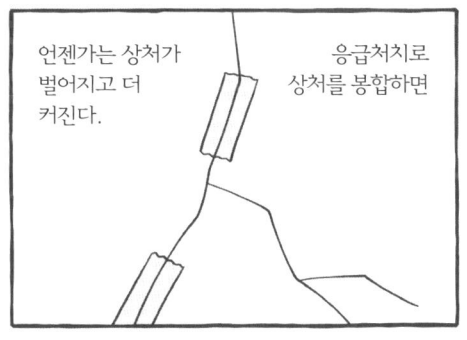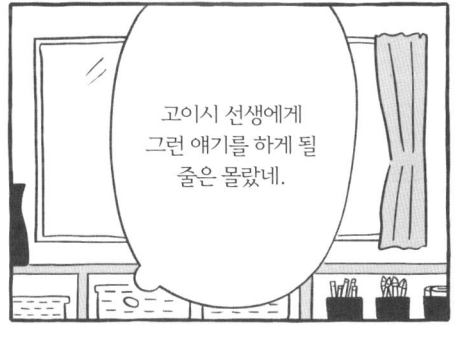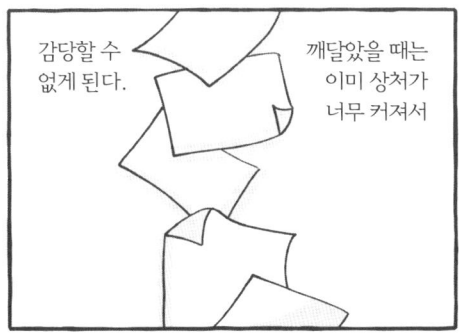

제 12 화 몽글몽글

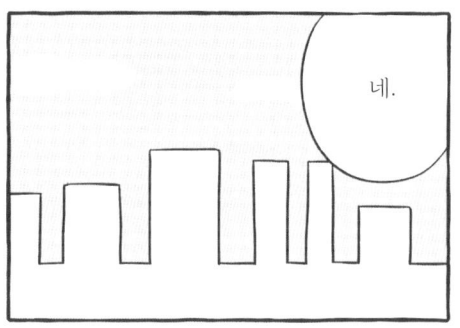

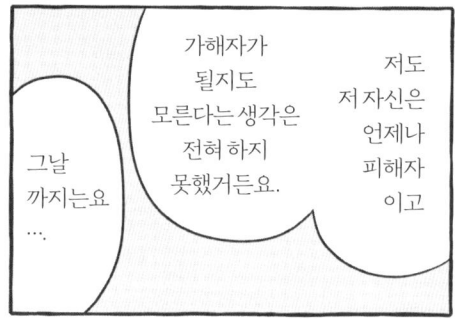

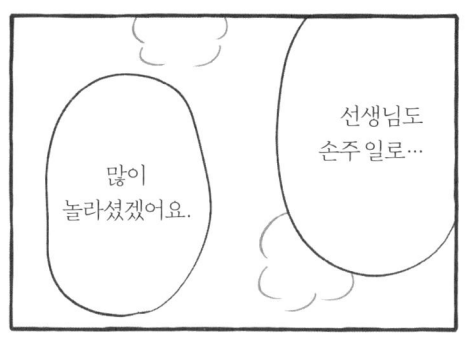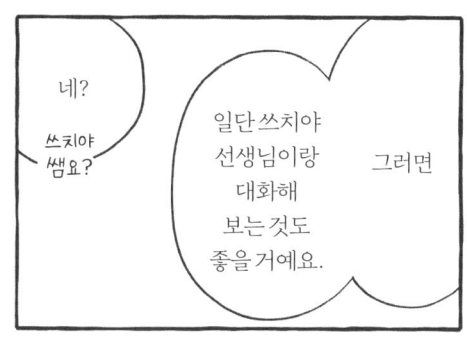

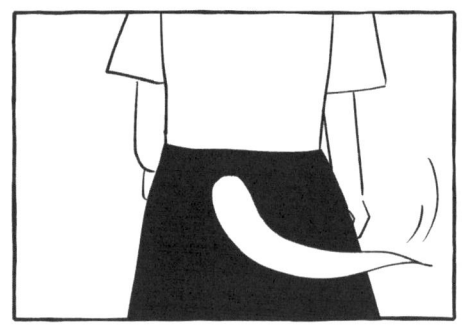

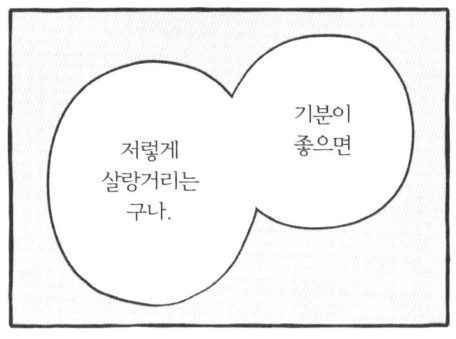

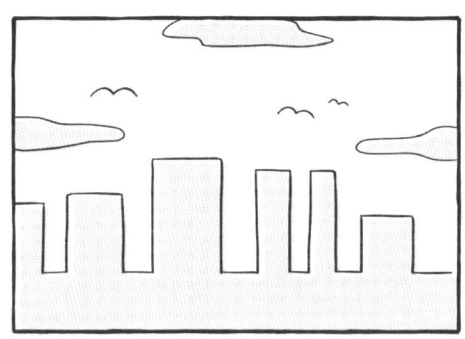

제13화 둘만의 아침햇살

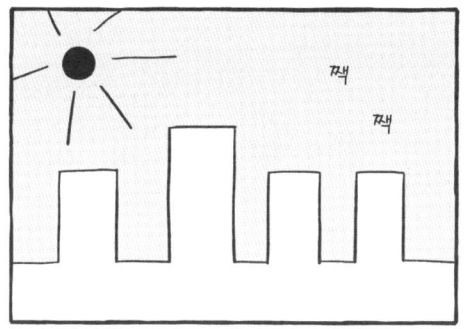

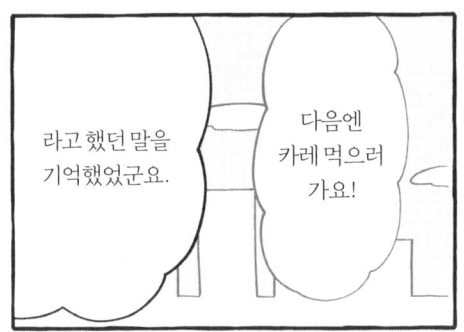

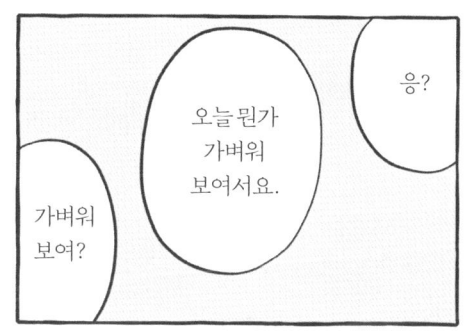

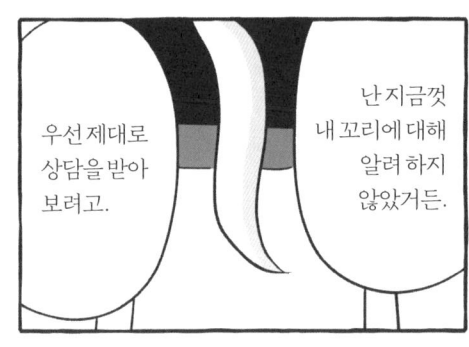

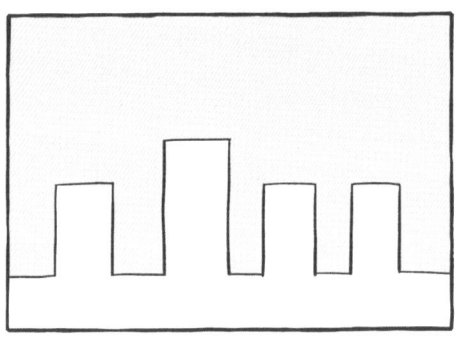

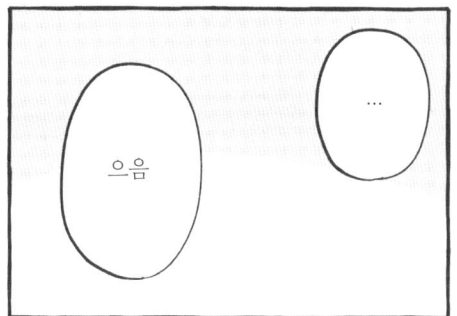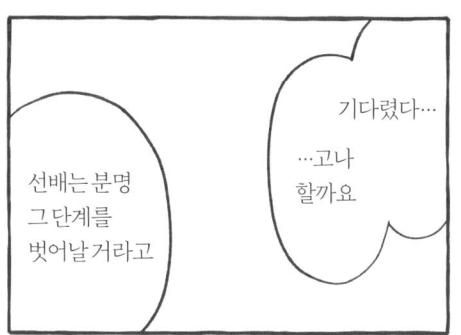

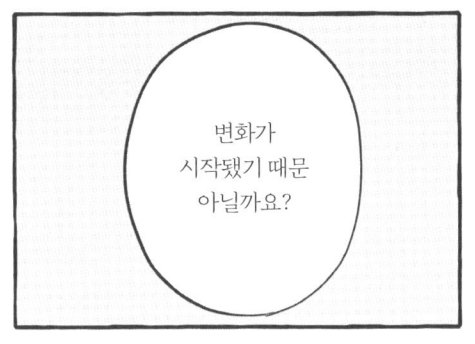
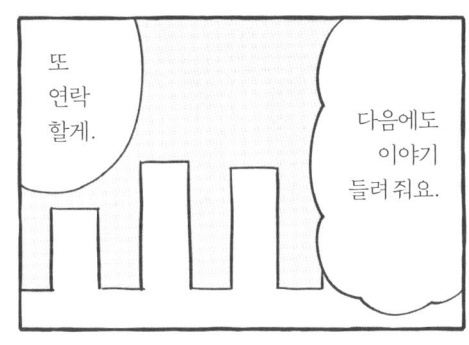

제14화 전하지 못한 이야기

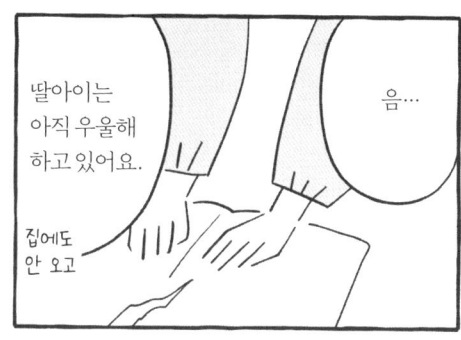

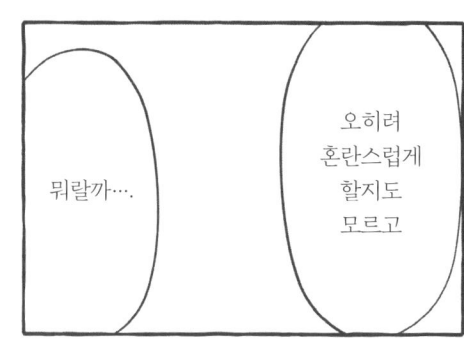

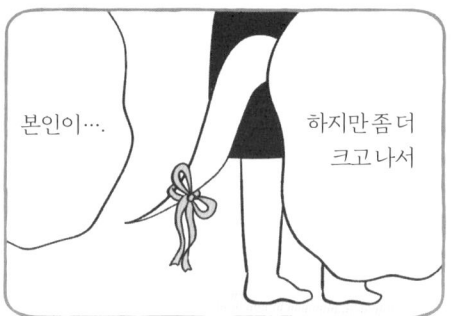

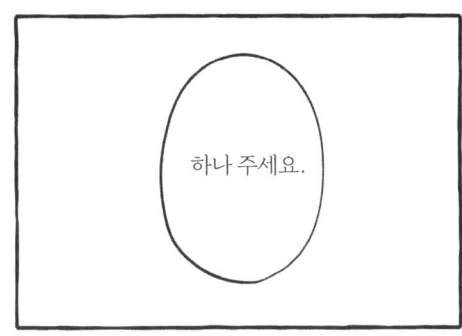

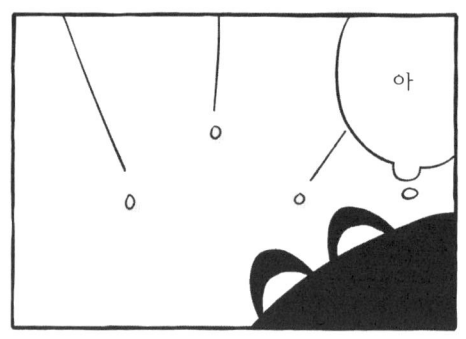

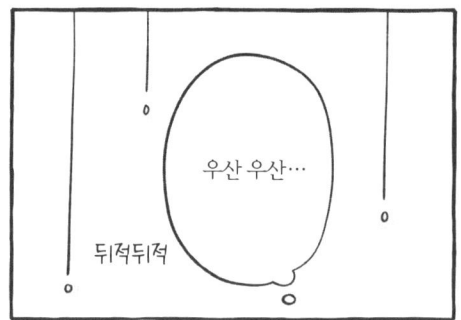

제15화 어떤 하루

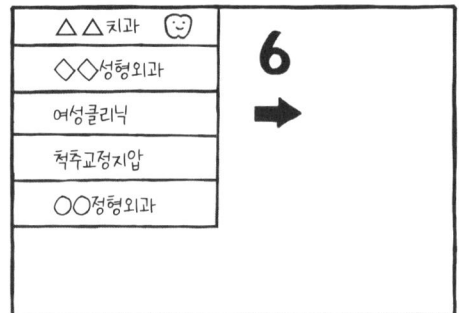
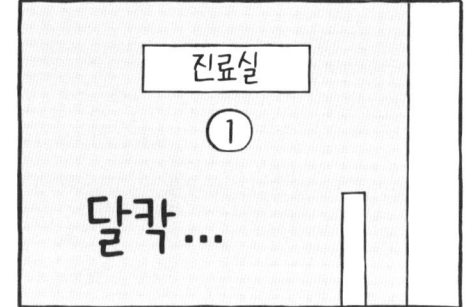

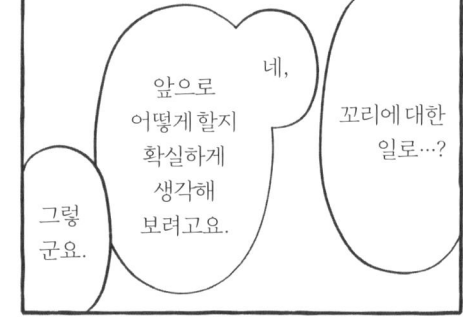

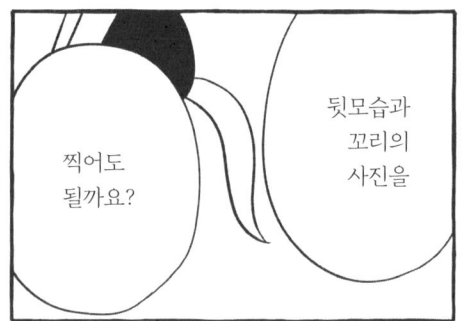

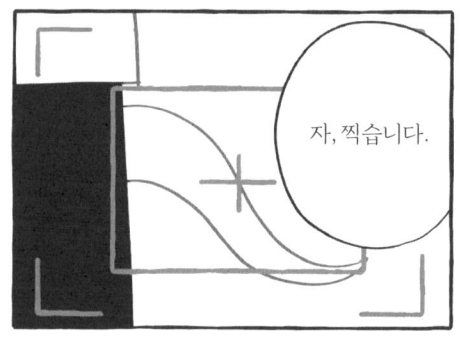

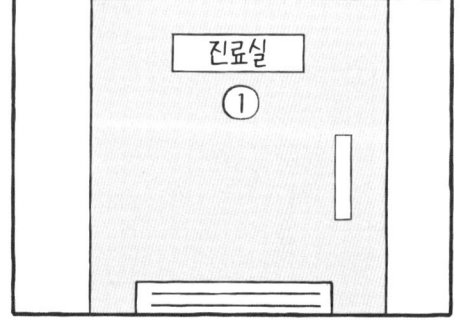

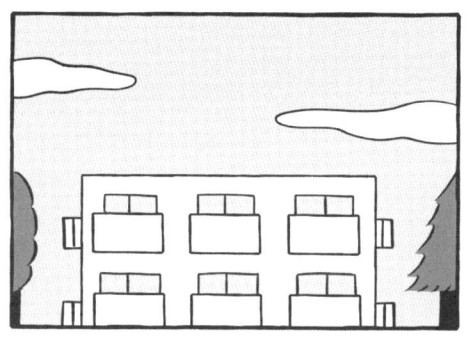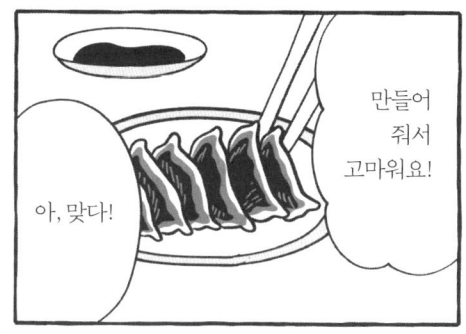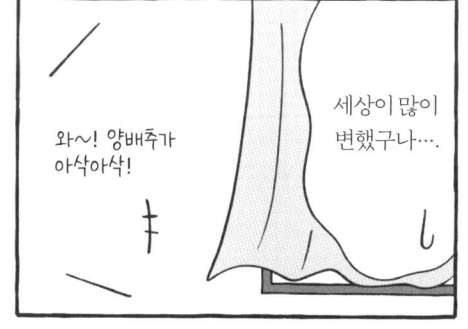

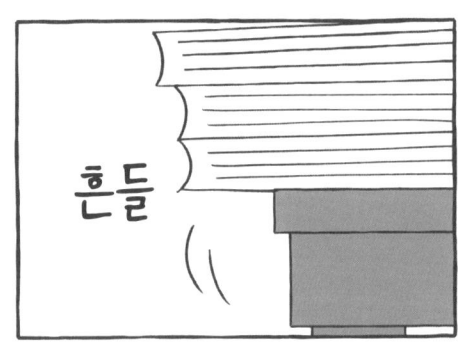

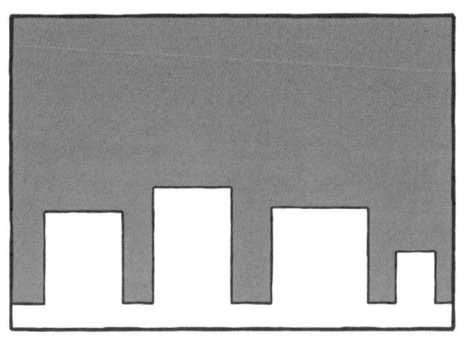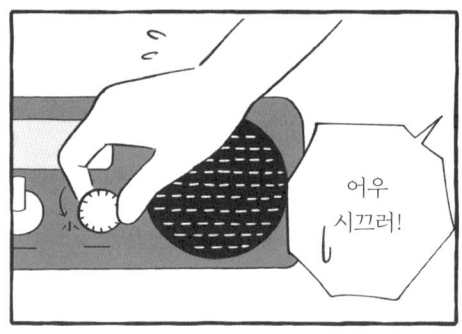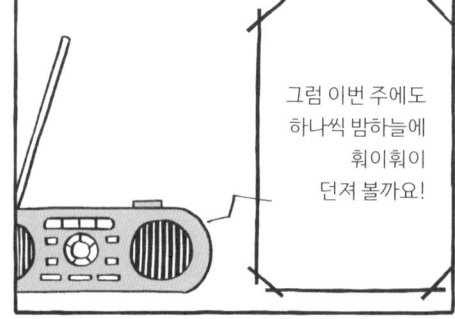

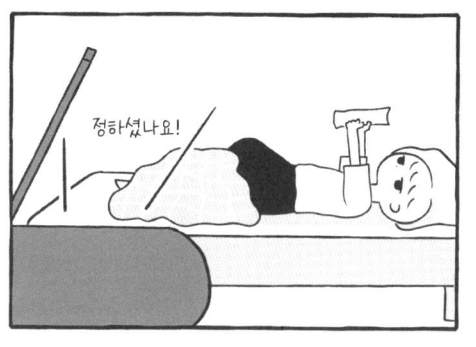
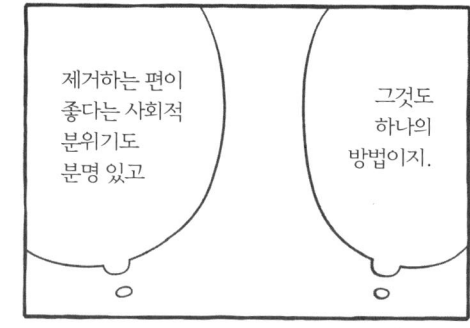

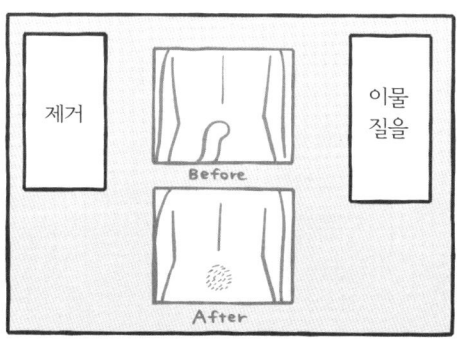

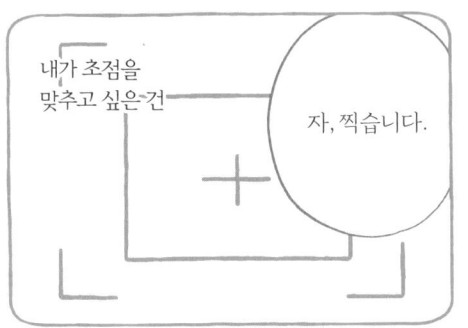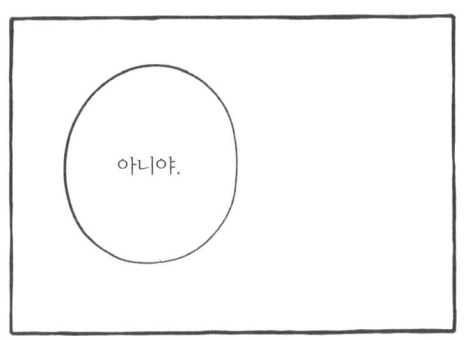

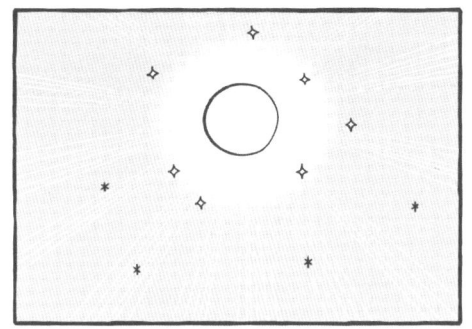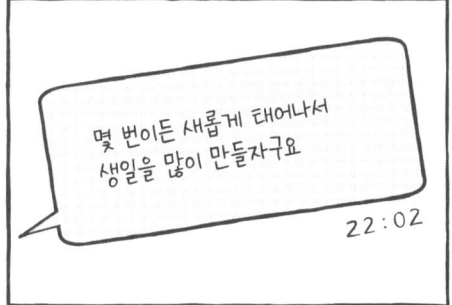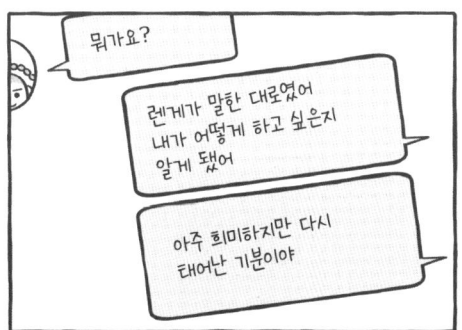

제16화 "평범"한 행복 2

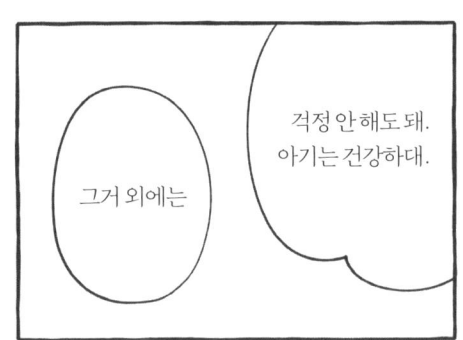

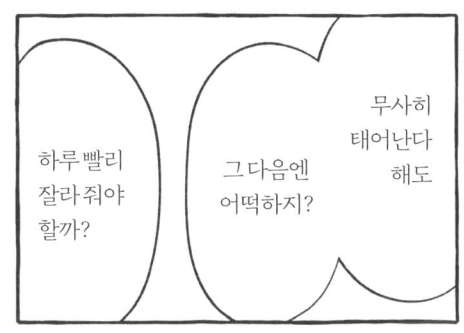
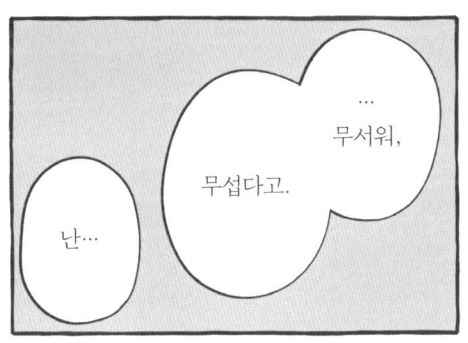

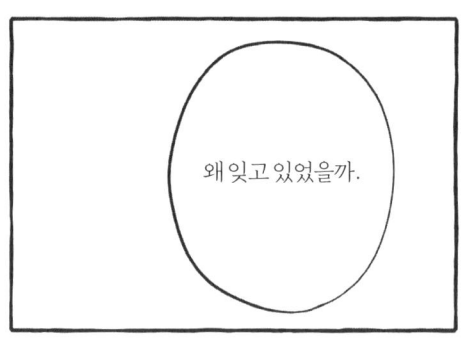

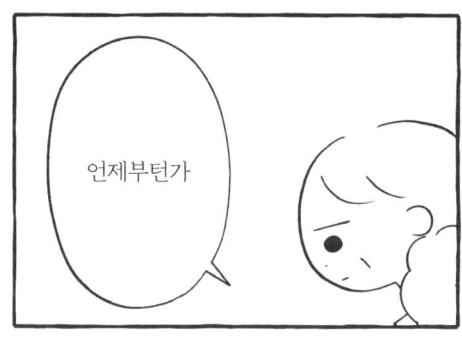

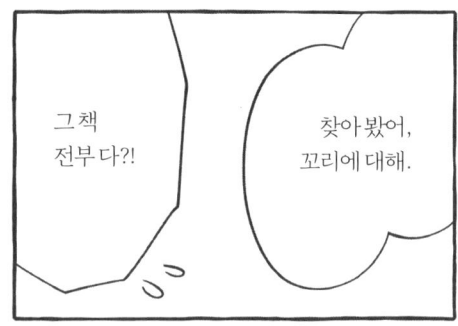
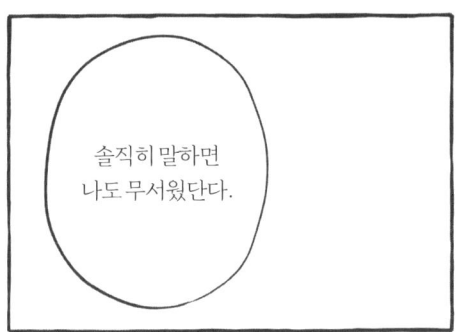

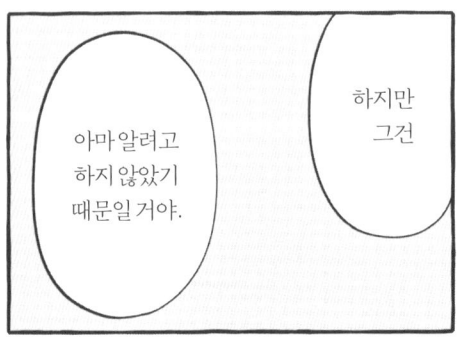

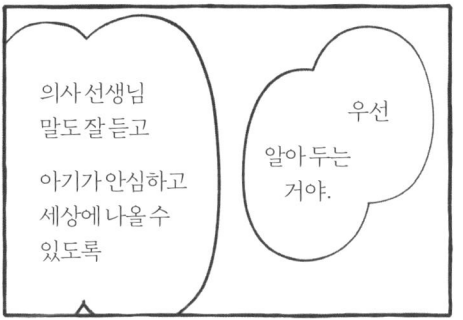
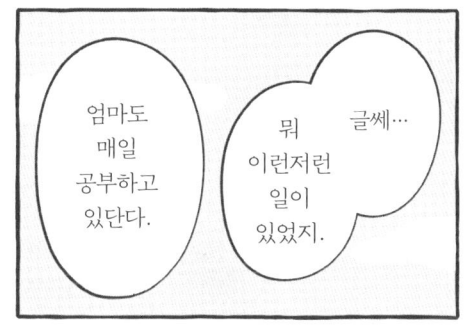

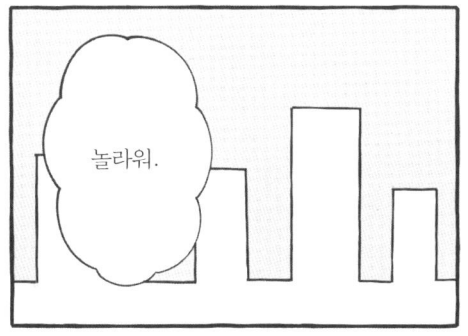

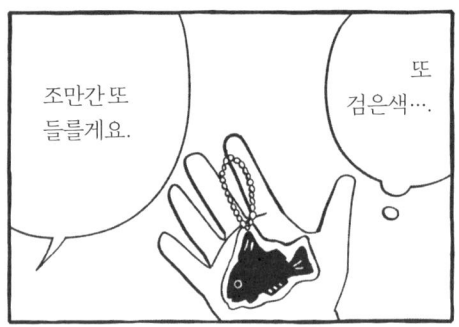

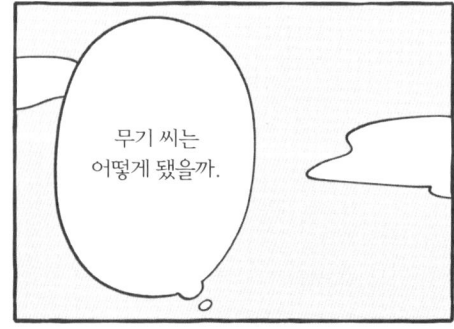

제17화 안녕、좋은 아침！

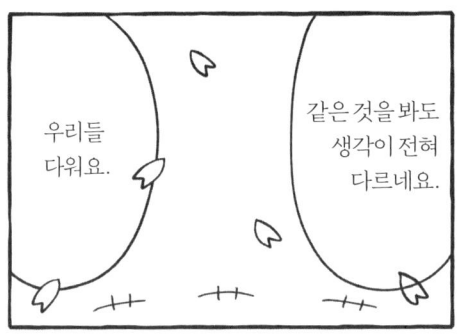

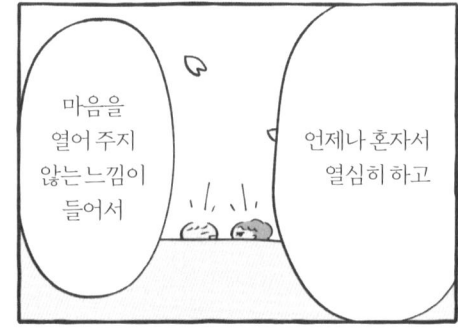

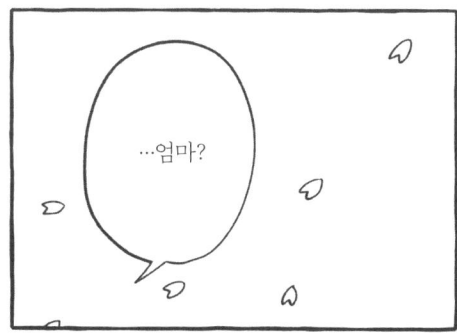

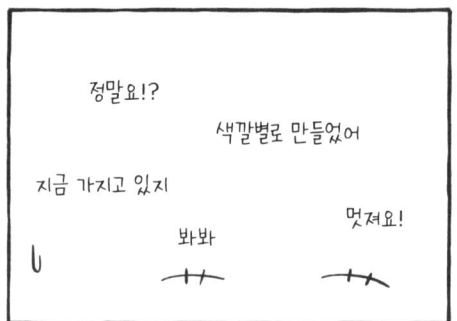

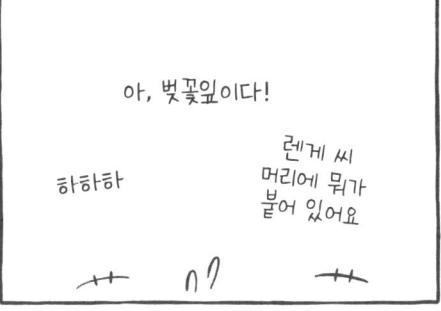

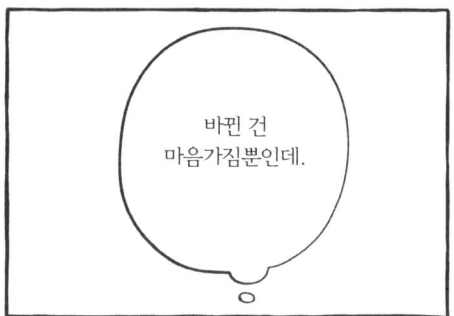

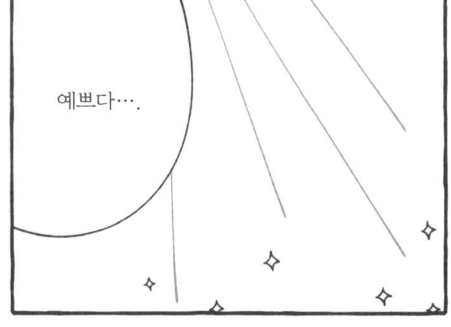

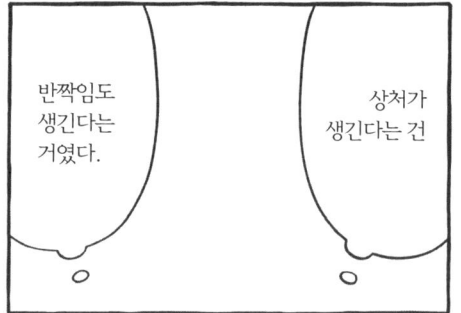

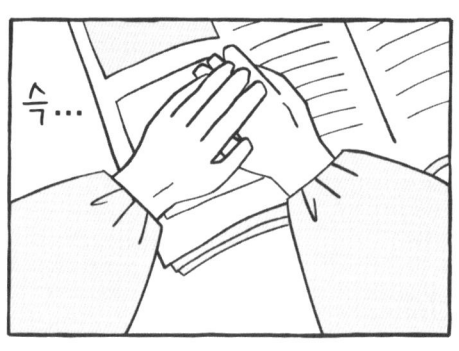

옮김 **백수정**

서울예술전문대학 문예창작과를 졸업하고 일본에 소재한 시립 츠루문과대학(都留文科大学) 대학원 국문학과를 졸업(일본근대문학 전공)했다. 2007년부터 번역과 외서 소개 등 출판계에서 일하고 있다. 주요 번역서로 「조그만 임금님」 「미운 사람 버릴 거야」 「철인3종 삼총사」 「열다섯 살 커피 로스터」 「쳇, 고양이 따위가 뭐라고!」 「안녕, 꼬리!」 등이 있다.

안녕, 꼬리!

제1판 1쇄 2024년 11월 1일

지은이   가와세 하루
옮긴이   백수정
편집디자인   저스트칠링
펴낸곳   어느봄날
펴낸이   백수정
주소   서울시 강서구 양천로470 SK그레이스힐 B1, 114-10호
전화   (02) 335-1097 | 팩스   (0505) 325-4135
이메일   east_spring2@naver.com
블로그   https://blog.naver.com/east_spring2
등록   1980년 11월 08일 | 신고번호   제2013-000036호
ISBN   978-89-7542-128-0 (07830)
값   14,500원

파본은 구입처에서 바꿔 드립니다.
이 책의 판권은 지은이와 어느봄날에 있으므로 무단 전재와 복제를 금합니다.
이 책의 일부 또는 전체를 사용하려면 양측의 서면 동의를 얻어야 합니다.